BEI GRIN MACHT SICH IHR WISSEN BEZAHLT

- Wir veröffentlichen Ihre Hausarbeit, Bachelor- und Masterarbeit

- Ihr eigenes eBook und Buch - weltweit in allen wichtigen Shops

- Verdienen Sie an jedem Verkauf

Jetzt bei www.GRIN.com hochladen und kostenlos publizieren

Bibliografische Information der Deutschen Nationalbibliothek:

Die Deutsche Bibliothek verzeichnet diese Publikation in der Deutschen Nationalbibliografie; detaillierte bibliografische Daten sind im Internet über http://dnb.d-nb.de/ abrufbar.

Dieses Werk sowie alle darin enthaltenen einzelnen Beiträge und Abbildungen sind urheberrechtlich geschützt. Jede Verwertung, die nicht ausdrücklich vom Urheberrechtsschutz zugelassen ist, bedarf der vorherigen Zustimmung des Verlages. Das gilt insbesondere für Vervielfältigungen, Bearbeitungen, Übersetzungen, Mikroverfilmungen, Auswertungen durch Datenbanken und für die Einspeicherung und Verarbeitung in elektronische Systeme. Alle Rechte, auch die des auszugsweisen Nachdrucks, der fotomechanischen Wiedergabe (einschließlich Mikrokopie) sowie der Auswertung durch Datenbanken oder ähnliche Einrichtungen, vorbehalten.

Impressum:

Copyright © 2017 GRIN Verlag
Druck und Bindung: Books on Demand GmbH, Norderstedt Germany
ISBN: 9783668766457

Dieses Buch bei GRIN:

https://www.grin.com/document/435392

Madita Muhs

Álvaro de Luna. Feminismus im 15. Jahrhundert

GRIN Verlag

GRIN - Your knowledge has value

Der GRIN Verlag publiziert seit 1998 wissenschaftliche Arbeiten von Studenten, Hochschullehrern und anderen Akademikern als eBook und gedrucktes Buch. Die Verlagswebsite www.grin.com ist die ideale Plattform zur Veröffentlichung von Hausarbeiten, Abschlussarbeiten, wissenschaftlichen Aufsätzen, Dissertationen und Fachbüchern.

Besuchen Sie uns im Internet:

http://www.grin.com/

http://www.facebook.com/grincom

http://www.twitter.com/grin_com

Seminar:

Liebe und Lust in der spanischen Literatur des 15. Jahrhunderts

Madita Muhs

Spanisch und Geschichte

3.Semester

Modul: Studienleistung

Datum: 31.03.2017

Titel: Álvaro de Luna- Feminismus im 15. Jahrhundert

Inhaltsverzeichnis

1. Einleitung — 2-4
2. Alvaro de Luna — 4-6
3. *Libro de las virtuosas e claras mugeres* — 6-10
   - 3.1 Das Werk allgemein — 6-8
   - 3.2 Textanalyse Beispiel: *Santa María* — 8-10
4. Reaktionen auf das Werk — 10,11
5. Fazit — 11,12
6. Literaturverzeichnis — 12-14

1. Einleitung

„Manche Frauen fürchten – zu Recht –, dass jede Beobachtung geschlechtsspezifischer Unterschiede als Beweis dafür genommen wird, dass es die Frauen sind, die anders sind – anders als der Standard, der sich in allen Bereichen danach definiert, wie der Mann ist. Der Mann gilt als Norm, die Frau als Abweichung von der Norm. Und es ist nur ein kleiner – vielleicht unvermeidlicher – Schritt von »anders« zu »schlechter«." (Tannen 1991: 15)

Feminismus spielt auch noch im 21. Jahrhundert eine wichtige Rolle in der Gesellschaft. Es ist trotz des modernen Denkens und des enormen Fortschritts auch in westlichen Ländern der Fall, dass Frauen, Männern untergeordnet sind. Auch im 15. und 16. Jahrhundert war dieses Thema schon populär. In Europa kam es aufgrund dessen zu einem Geschlechterstreit, der auch als *querelle des femmes* bezeichnet wird (Bock, Zimmermann 1997: 9).

Den Ursprung fand dieser in Frankreich (Haussauer 1997, 203). Dabei ging es um die körperliche und psychische Verfassung der Frau und deren Vorzüge als auch Defekte (Brandenberger 1997: 183f.). Es war eine polarisierende Bewegung bei der der Mann nicht außer Acht gelassen, sondern unter ähnlichen Aspekten begutachtet wurde. Negative Bewertungen waren meist satirischer oder moralischer Art. Positive Beiträge hingegen beinhalteten Lob oder die Verteidigung der Kritik von Frauen (Brandenberger 1997: 184). Dieser Streit beschäftigte nahezu alle Lebensräume, von der Wissenschaft über den Friseur bis in die Kirche. Explizit ging es darum, sowohl mündliche als auch schriftliche Diskussionen zu führen. Das Ziel war, eine Ordnung herzustellen, Gerechtigkeit zu erlangen und den Wert des einzelnen Menschen dabei nicht außer Acht zu lassen (Haussauer 1997 : 16). So kann man im 15. Jahrhundert fünf Autoren der Misogynie, in diesem Sinne Frauenhasser, finden und 17 Autoren die pro feministische Meinungen vertraten und kundtaten (Vélez- Sainz 2002: 108).

Ein Vorreiter war der Italiener Boccaccio, der schon 1369 mit seinem Werk *De mulieribus claris* eine klare Stellung bezog und eine Gegenposition zu zwei Werken in denen die Frauen schlecht dargestellt wurden repräsentierte: *el corbacio* y *el de casibus virorum illustrium* (Vélez- Sainz 2002: 108). Unter anderem gab es Alvaro de Luna, einen spanischen Autor des 15. Jahrhunderts, der die italienische Tradition weiterführte. Mit seinem Werk „*Libro de las claras e virtuosas mugeres*" entstand eine Vielzahl von Traktaten, die zur Verteidigung der Frau dienten. Traktate sind eine literarische Form, die sich mit einzelnen Themen beschäftigen und einen bestimmten Zweck, erfüllen sollen, auf den in der folgenden Arbeit näher eingegangen wird (Uni Essen).

Unter Juan II kam es auf der Iberischen Halbinsel zum Höhepunkt der *Querelle de femmes*. Die Mehrheit der Traktate wurde zur Verteidigung der Frauen und auf den Rat der Frauen hin verfasst. Einige wurden sogar der Königin gewidmet. Ein Beispiel ist *Triunfo de las Donas* (Triumph der Frauen) von Juan Rodríguez de la Cámara, der viel Zuspruch vom königlichen Hof bekam. Aber auch *tratado en defensa de las virtuosas mujeres* (Traktat zur Verteidigung der tugendhaften Frauen) von Diego de Valera war sehr populär. Beide wurden vor 1445 verfasst. Des Weiteren ist *el libro de las mujeres illustres* (Buch der berühmten Frauen) von Alonso de Cartagena erwähnenswert. Dieses Werk wurde im Auftrag der Königin María verfasst. „Deswegen ist es plausibel, dass Álvaro de Luna den *Libro de las claras y virtuosas mujeres* ebenfalls auf Wunsch von María schrieb" (Vargas Martínez 2008: 122). Sein Buch erschien allerdings erst ein Jahr nach deren Tod, wodurch wahrscheinlich eine Widmung verhindert wurde (Vargas Martínez 2008: 122).

In der folgenden Hausarbeit wird insbesondere auf Alvaro de Luna und sein Leben eingegangen und sein Werk *Libro de las claras e virtuosas mugeres* wird näher untersucht. Dabei stehen besonders seine Intention und die Folgen seines Werkes im Mittelpunkt. Was bewirkte er mit seinem Werk und welche Art von Reaktionen erhielt er dafür?

2. Alvaro de Luna

Sein Vollständiger Name war Don Alvaro de Luna y Fernandez de Jarana. Ursprünglich hieß er Pedro de Luna. Erst später benannte er sich nach seinem Vater Alvaro de Luna. Alvaro war ein unehelicher Sohn von Alvaro de Luna und María Fernández, die mit einem Bürgermeister verheiratet war. Luna wurde 1388 in Canete geboren und starb 1453 in Valladolid. Er war eine Zentralfigur in der 1. Hälfte des 15. Jahrhunderts. Zudem war er Oberfeldmeister, Oberbefehlsmeister von Kastilien und Marineunteroffizier, auch als *Condestable* bekannt. In dieser Position zeigte er anhand seiner taten immer Mut und eine offensichtliche Macht. (Vélez- Sainz 2002: 257)

Schon im frühen Kindesalter verlor Luna seinen Vater, und verbrachte daraufhin seine Kindheit bei seinem Onkel Pedro de Luna. Mit 18 ging er als Knappe zum Königshof von Juan II. und wurde dort von Beginn an zum Favoriten des Königs. Kurze Zeit später stieg er zum Verwalter des Königs auf. Luna reflektiere mit ihm die Beziehung zwischen Frau und Mann und hatte den Ruf eingebildet und aufbrausend zu sein (Hernandez Amez 2002: 256ff.). Die Verbindung zwischen König Juan II und Luna schien nach dem höfischen Denken verwerflich. Es wirkte sogar so, als würden sie eine Beziehung zwischen Mann und Frau darstellen (Vélez- Sainz 2009: 20).

Aus unerklärlichen Gründen verlor er, kurz nach seiner Ankunft am Königshof, Kontakt zu seinem Onkel, der 1414 starb und zu seinem Großonkel, den er 1415 das letzte Mal sah. Parallel begann er zudem einen heftigen Kampf mit einer der einflussreichsten Gruppen der Iberischen Halbinsel, den Aragoniern, zu führen. Die Quellen aus der Zeit berichteten, dass ein blindes Vertrauen des Königshofs gegenüber Luna entstand, der mit unaufhaltsamen Ehrgeiz handelte (Vélez- Sainz 2009: 20). Von da an hatte Luna einen immensen Einfluss am königlichen Hof. Er vermittelte, handelte und brachte Menschen dazu Eheversprechen einzugehen. So wie 1417, als er doña Catalina überzeugte don Alonso Enrique zu heiraten. Aus diesen Taten zog er oft die meisten Vorteile. Die Nichte Enriques, Elvira Portocarerro, die daraufhin Lunas erste Ehefrau wurde, brachte ihm eine familiäre Verbindung zu Enrique. 1430 heiratete er seine zweite Ehefrau, Juana Pimentel, nach dem Elvira getötet wurde (Vélez- Sainz 2009: 21-24).

Der Höhepunkt seiner Karriere kam mit der Schlacht von Olmedo 1444, in dem er die Aragonesier endlich besiegen konnte (Hérnandez Amez 2002: 257). In der heikelsten und schwierigsten Phase seines Lebens, in der die Regierung durcheinander war und seine Feinde viele Gebiete erlangten, erschuf er sein Werk *Libro de las virtuosas e claras mugeres* (Hérnandez Amez 2002: 261).

Im Jahr 1453 wurde Luna wegen angeblicher Filzokratie beschuldigt, das sind ineinander vermischte Machtverhältnisse die durch ungerechte Verteilungen bei den Ämtern entstehen (Wilker 1998: 2). Am 02. Juni 1453 wurde Alvaro de Luna im Auftrag des Königs in Valladolid erhängt. Dieser fühlte sich in seiner Macht bedrängt und fürchtete Luna würde mehr Popularität erlangen und seinen Thron stürzen wollen (Round 1986: 39f).

Alvaro de Luna war ein Mann, bei dem die Meinungen bis heute weit auseinander gehen. Für die einen war er ein hervorragender Ritter, jemand der überzeugend und erfolgreich die Menschen begeisterte. Für die anderen war er unglücklich, ein Heuchler und oft eingekehrt in sich selbst. Es geht soweit, dass ihm die Homosexualität und eine Beziehung mit dem König Juan II vorgeworfen wurde (Hernandez Amez 2002: 258).

3. Libro de las claras y virtuosas mujeres

3.1 Das Werk allgemein

Das Werk *Libro de las claras y virtuosas mujeres* ist dem Genre, „Pro Feminismus" Mitte des 15. Jahrhunderts einzuordnen (Vargas Martínez 2008: 121). Das Werk gliedert sich in drei Bücher. Es kann als eine Art Katalog von tugendhaften Frauen gesehen werden. Es argumentiert mit dem geschichtsexegetischen Konzepts der Schrift, der Natur und der Gnade (Vargas Martínez 2008: 121).

Beginnen tut das Buch mit einem Prolog, in dem die Frauen als Beleg für seine Thesen stehen (Vargas Martínez 2008: 123). Der Prolog dient zur Erläuterung der Textintention Lunas. Dieser sieht die Schrift als Gedächtnisspeicher, dank dem die Frauen unvergessen bleiben und als Beweis gegen Feinde genutzt werden können. Die Taten und Werke der Frauen aus allen möglichen Ständen der Gesellschaft haben ihn dazu bewegt das Werk zu verfassen. Er wendet sich klar gegen misogyne Handlungen (Vargas Martínez 2008: 124). Diesem folgen fünf Präambeln, in denen Luna seine Beweggründe offenbart und seine Argumente zur Verteidigung der Frau erläutert. Erst danach geht er zur Exposition der drei Bücher über. In der 1. Präambel verteidigt er die weibliche Natur, weil sie angeblich mit dem Bösen assoziiert wird. Laut Luna beruhen Laster und Mängel der Frauen aber auf den Sitten. Ihnen ist es gleichermaßen möglich tugendhaft zu Handeln. Dabei würden Frauen nicht mehr als Männer zu den zuvor genannten Lastern neigen. Beweisen könne er dies allerdings erst, wenn die misogynen Vorurteile der Bevölkerung entkräftet würden. Er nimmt einen deutlichen Abstand zum dominanten Diskurs der Patristik ein, der die Frau mit Sünde und Laster in Verbindung bringt. In der 2. Präambel sagt er, die Tugend sei der Weg zur Glückseligkeit. Beide Geschlechter hätten die Voraussetzung und den Wunsch glückselig zu werden. Die Natur statte alle Menschen mit der Sehnsucht nach Vollkommenheit aus. Die dritte und vierte Präambel beziehen sich auf die heilige Schrift. In der Dritten spricht er die Frauen von der Schuld der Erbsünde frei, weil sie mit den Männern dieselbe *conditio humana* (Schule und Studium Latein- Deutsch 2012: S.188, 420) haben.

Die vierte Präambel nutzt Luna, um die beleidigenden Argumente zu entkräften. Die Verachtung der Gelehrten beziehe sich nur auf einzelne Männer. Deswegen solle man auch die Misogynie nur auf die „schlechten" Frauen beziehen. Zum Schluss findet Luna in der 5. Präambel Gründe gegen den Verstoß der chronologischen Anordnung seines Katalogs. Darauf wird im Verlauf der Arbeit noch näher eingegangen. Der Hauptteil ist in drei Bücher gegliedert. Das erste Buch vereint Frauen aus dem Alten Testament in 18 Kapiteln. Im zweiten und längsten Buch wird in 78 Kapiteln von Heidinnen erzählt. Im letzten und dritten Buch, welche in zwei Teile gegliedert sind, werden in 21 Kapiteln einmal römische Frauen und im zweiten Teil nicht römische Heidinnen vorgestellt (Vargas Martínez 2008: 126).

Beendet wird sein Werk mit einer langen Konklusion, in der er Argumente aus dem Prolog und den Präambeln aufgreift. Er bleibt aber kommentarlos in Bezug auf die Frauen der Gegenwart, da man erst nach dem Tod sagen könne ob sie tugendhaft gewesen waren. Schließlich könne man nicht wissen, wie sie sich noch verhalten werden. Daraufhin wendet er sich erneut gegen die Dreistigkeit der Männer, die das gute Wesen der Frauen in Frage stellen. Er betont, dass die Männer leugnen was sie erfahren und gesehen haben. Die Aufforderung von Luna an die Männer ist alle Frauen zu würdigen und zu ehren, da es ohne sie keine Fortpflanzung und kein „göttliches Wort" gebe (Vargas Martínez 2008: 126).

3.2 Textanalyse anhand des Beispiels: Santa María

In dem Beispiel von Santa María geht es um die die heilige María, die Luna lobt und von der er schwärmt. María wird als Jungfrau bezeichnet, die ein Kind gebären wird, dass den Namen Hermanuel tragen wird. Die Jungfrau ist wunderschön und eröffnet die Tür zum ewigen Leben, welches den Menschen durch die Sünde des ersten Mannes viele Jahrhunderte verwehrt wurde. Eine Vielzahl an Eigenschaften wird ihr von Luna zugewiesen. Durch diese Eigenschaften entsteht bei dem Leser ein genaues Bild von dieser Frau, was durch die ständige Wiederholung des Attributs *gloriosa* (herrlich) verstärkt wird (Vélez- Sainz 2009). Immer wieder werden Vergleiche genutzt, wie „die Frau ist der Spiegel der Ehrlichkeit", „ein großer Tempel der Heiligkeit", „eine ehrbare Vase der Wahrheit", „eine weiße Lilie der Jungfräulichkeit" oder „eine zarte Rose aus dem Paradies". Sie sei außerdem „glänzend wie eine Krone der heiligen Jungfrauen, barmherzig, bescheiden und gläubig" (Vélez- Sainz 2009: 160). Ein

Nachweis bringt Luna, in dem er schreibt, dass im vierten Kapitel des *Cántico* niedergeschrieben steht, wie schön sie sei (Vélez- Sainz 2009: 160). Des Weiteren schreibt er im siebten Kapitel Ysaýas man solle die Jungfräulichkeit vorsichtig probierten (Vélez- Sainz 2009: 161).

In seinem ersten Buch beginnt er mit dem Beispiel der heiligen Jungfrau, weil er sein komplettes Werk unter den Schutz Marias, der Königin, stellt. Schließlich soll das Buch von guten Frauen erzählen. Luna setzt Maria, die Herrin, an den ersten Platz, da ihr Wunsch so erfüllt werden soll indem das Werk verteidigt wird. Es befreit von Neid und das mit Hilfe der großen Gunst der Majestät (Vargas Martínez 2008: 125). Die Erzählung gibt die politische und gesellschaftliche Lage des 15. Jahrhunderts optimal wieder. Autoren wie Luna sehen Frauen als fruchtbar und heilig. Dieses Bild versuchen sie der Gesellschaft und besonders den misogyn denkenden Männern verständlich zu machen. Die Absicht Lunas mit dem gesamten Werk ist, deutlich zu machen, dass es keine Unterschiede zwischen Frauen und Männern bezüglich der Tüchtigkeit und der Laster gibt. Er verteidigt die Frauen vor den Attacken, die sie von Männern ertragen müssen (Hernandez Amaz 2002: 262,264).

Strukturell weist der Text eine persönliche Erzählebene auf. Im kompletten Text wird die Jungfrau María persönlich angeredet und nicht über sie gesprochen. Das Beispiel wurde aus der Ich- Perspektive verfasst. Der Ich- Erzähler spricht im Präsens zu der heiligen María. Der Text stammt aus dem 15. Jahrhundert, aufgrund dessen ist die Sprache deutlich veraltet. Dem Leser wird das Gefühl gegeben, dass Luna diese Eigenschaften die er der María zuschreibt auch selbst so empfindet. Es entsteht ein Gefühl von Vergötterung. Luna beschreibt die Frau optisch als auch charakterlich, erwähnt ihren Intellekt und lobt das Wesen. Dieser primäre Eindruck scheint authentisch. Dennoch entsteht eine ambivalente Ansicht, da immer wieder die Jungfräulichkeit und die damit verbundene wunderbare Fruchtbarkeit betont wird. Dies würde eine reine objektive Nutzung der Frau bedeuten, die wiederum nicht dem entspricht, was Lunas Intention ist. Die Frau von ihrer Lage, voller Laster zu sein, zu befreien.

4. Reaktionen auf „Libro de las claras y virtuosas mujeres"

Sein Text erzeugte noch vor der Publikation Reaktionen, Kommentare und Werturteile sowohl bei Männern als auch bei Frauen im höfischen Umfeld. Der damalige Kondestabel sagte dazu, dass die Ehre die der Frau dadurch erwiesen wurde sehr groß war.

Berühmte und in den Augen der Öffentlichkeit „tugendhafte Frauen" die das Buch nicht kannten aber davon hörten, dankten Luna für sein Werk (Vargas Martínez 2008: 124). Die Literaturwissenschaft sah keinen Unterschied zwischen den misogynen Texten und den feministischen Texten. Vargas Martinez (2008: 127) wehrt diesen Vorwurf ab indem er erklärt, dass die misogynen Texte die Verunglimpfung der Frau vertraten.

Lunas Werk wird immer wieder mit Boccaccios *De claris mulieribus* in Verbindung gebracht. Der erste Herausgeber von Lunas Werk, Menéndez Pelayo, erklärte, dass es auf keinen Fall eine Übersetzung oder Nachahmung sei. Trotzdem wurde Alvaro de Luna oftmals vorgeworfen, dass sein Werk nur ein Imitat von Boccaccio sei. Dabei wird sogar auf eine direkte Verwandtschaft hingewiesen (Vargas Martínez 2008: 122). Ein ausführlicher Vergleich von Augustin Boyer beweist jedoch, dass sich Lunas Werk in der Struktur und auch von der Intention her deutlich von Boccaccios Werk unterscheidet. Dennoch war Boccaccio eine Inspirationsquelle für Luna (Vargas Martínez 2008: 123). Vélez- Sainz (2002: 109) unterstützt die Aussage, dass Lunas Buch weder ein Imitat noch eine Kopie von Boccaccio sei. Luna nahm von Boccaccio 32 Frauen in sein Werk, anhand derer er 115 verschiedene Fälle kommentierte und präsentierte. Laut Vélez- Sainz (2002: 109) baut Luna eine Beziehung zwischen den beiden Werken auf aber kopiert es keineswegs. Er sagt, dass die Frau den Weg zur Erlösung freimachen kann. Er erschafft einen bedeutenden Fortschritt mit seinem Werk, denn Boccaccio versuchte nie die Tugend der Frauen zu bezeugen. Vergleicht man die Beiden, kann man sagen, dass Luna auch tugendhafte Frauen meinte und Boccaccio eher schöne und glänzende Frauen. Frauen übertreffen die Männer mit ihrer Tugend (Vélez- Sainz 2002: 113f.) In der *chronica de alvaro de luna* von Gonzalo Chacón erklärt dieser, dass das politische Ziel des Königs und von Luna war, die Tugend der vergangenen Zeiten zurück zu erlangen (Vélez- Sainz 2009: 116). Ein Widerspruch findet sich jedoch. Schließlich rechtfertigt er trotzdem die männliche Herrschaft über die Frau und unterstützt somit das patriarchische Ideal der weiblichen Unterordnung. Das ist eine wesentliche Ursache für die ambivalente Bewertung seines Werkes (Vargas Martínez 2002: 127).

5. Fazit

Welche immense Bedeutung Lunas Werk aber auch die anderen Werke der damaligen Autoren hatten, war ihnen zu dem Zeitpunkt wahrscheinlich nicht bewusst. Der Kampf um das Umdenken der Gesellschaft ist auch jetzt, mehr als 5000 Jahre später noch im Gange. Ihnen gelang es, die öffentliche Meinung zu beeinflussen. Umso wichtiger waren diese Werke solcher Machart. Sie verteidigten die Frauen. Sie erkannten die weibliche Autorität an, weil sie ihre Texte an sie direkt richteten. Allein das Schreiben war von Bedeutung und trug eine gesellschaftliche Folge mit sich. Es ermöglichte Frauen, Teilhaberinnen zu sein indem sie als Auftraggeberinnen fungierten, z.B. Königin María. „Die Frauen sprechen für sich" (Vargas Martínez 2008: 127). Dabei gingen Autoren oftmals ein großes Risiko ein, weil sie sich gegen die Mehrheit der misogyn denkenden Menschen richteten (Vargas Martínez 2008: 126).

Trotz dieser lobenden Worte und inhaltlich modernen Einstellung gegenüber dem weiblichen Geschlecht, ist es bedenklich, ob Luna wirklich persönlich der Überzeugung war, Frauen mit Männern gleichzusetzen. Zumindest im Bereich des tugendhaften Verhaltens ist es voraussichtlich so gewesen.

Literaturverzeichnis

- BRANDENBERGER, Tobias (1997), *Malas hembras und virtuosas mujeres – Querelles in der spätmittelalterlichen und frühneuzeitlichen Iberorimania,* J.B. Metzler (Hrsg.), Springer-Verlag GmbH, Deutschland.

- HAUSSAUER, Friederike Hrsg. (2008), *Heißer Streit und Kalte Ordnung. Epochen der Querelle des femmes zwischen Mittelalter und Gegenwart,* Wallstein Verlag.

- HASSAUER, Friederike (1997), *Die Seele ist nicht Mann, nicht Weib. Stationen der Querelles des Femmes in Spanien und Lateinamerika vom 16. zum 18.*

Jahrhundert in: *Die europäische Querelles des Femmes. Geschlechterdebatten seit dem 15. Jahrhundert*, Band 2, J.B. Metzle (Hrsg.), Springer-Verlag GmbH Deutschland.

- HERNÁNDEZ AMEZ, Vanessa (2002), *Mujer y Santitud En El Siglo xv: Alvaro de Luna y El libro de las Virtuosas E Claras Mugeres,* Universidad de Oviedo.

- ROUND, Nicholas (1986), *The greatest man uncrowned. A Study of the fall of Don Álvaro de Luna,* Tamesis Book Limited, London.

- TANNEN, Deborah (1991), *Du kannst mich einfach nicht verstehen. Warum Männer und Frauen aneinander vorbeireden,* Mosaik bei Goldmann.

- VARGAS MARTÌNEZ, Ana (2008), *Die Bedeutung einer Geste. Traktate von Männern zugunsten der Frauen im Rahmen der Querelle des femmes* in: Heißer Streit und Kalte Ordnung. Epochen der *Querelle des femmes* zwischen Mittelalter und Gegenwart, Friederike Haussauer (Hrsg.), Wallstein Verlag S.120-132.

- VÈLEZ- SAINZ, Julio (2002): *Boccaccio, virtud y poder en el libro de las claras e virtuosas mugeres de Álvaro de Luna,* University of Massachusetts-

Amherst.

- VÉLEZ- SAINZ, Julio (2009): Edición *Libro de las virtuosas e claras mugeres* de Alvero de Luna, Madrid.

- WILKER, Lukas (1998): Wörterbuch der Mikropolitik, Springer Verlag.

- Traktat (Uni Essen) zugefriffen am 27.03.2017
  https://web.archive.org/web/20070216223139/http://www.uni-essen.de/literaturwissenschaft-aktiv/Vorlesungen/washeisst/traktat.htm

BEI GRIN MACHT SICH IHR WISSEN BEZAHLT

- Wir veröffentlichen Ihre Hausarbeit, Bachelor- und Masterarbeit

- Ihr eigenes eBook und Buch - weltweit in allen wichtigen Shops

- Verdienen Sie an jedem Verkauf

Jetzt bei www.GRIN.com hochladen und kostenlos publizieren